RÉFUTATION

D'UN PASSAGE

DES MÉMOIRES POSTHUMES

DU

COMTE MIOT DE MÉLITO

PARIS

TYPOGRAPHIE DE FIRMIN DIDOT FRÈRES, FILS ET CIE

Imprimeurs de l'Institut, rue Jacob, 56

1859

RÉFUTATION

D'UN PASSAGE DES MÉMOIRES POSTHUMES

DU COMTE MIOT DE MÉLITO.

(NOTA. — *Cette réfutation est placée en tête du VIIIe volume de la collection des Œuvres du comte Rœderer, sénateur, ministre, pair, membre de l'Institut, etc., publiée par le baron Rœderer, son fils, ancien pair de France.*)

Les Mémoires récemment publiés du comte Miot de Mélito renferment, au tome Ier, l'anecdote suivante, placée dans le récit d'une conversation qu'il eut avec le général Bonaparte, à l'armée d'Italie, en 1797 :

« .... Nous partîmes, dit-il, de Milan.... j'é-
« tais dans sa voiture avec sa femme et Ber-
« thier... L'entretien roula sur quelques per-
« sonnages qui pouvaient jouer un rôle dans
« les affaires publiques à Paris, et au nombre
« de ceux qui furent passés en revue je lui
« citai Rœderer, dont je fis valoir l'esprit pé-
« nétrant, les talents comme écrivain et les
« connaissances étendues ; mais il me montra
« une extrême répugnance pour lui. Il l'atta-
« qua vivement sur la conduite qu'il avait te-

« nue au 10 août à l'égard de Louis XVI et de
« sa famille ; il y vit de la duplicité et de la
« trahison, et ajouta qu'il ne pourrait jamais
« avoir confiance dans un homme à qui il avait
« à faire un tel reproche. Je pris sa défense de
« mon mieux ; mais madame Bonaparte ne
« m'appuya pas, et se tut comme Berthier. La
« suite a fait voir que Rœderer a su vaincre
« cette répugnance ; probablement les services
« qu'il rendit au 18 brumaire ont effacé le sou-
« venir du 10 août. »

Je ne veux pas laisser passer sous silence la
reproduction posthume de cette odieuse calomnie, à laquelle vient s'ajouter une ignoble
et odieuse réflexion de M. Miot.

Pour faire encore une fois justice de la calomnie, il me suffira de reproduire ici quelques extraits des nombreux et efficaces écrits
de mon père, déjà insérés dans cette collection,
et publiés par lui, et sous sa signature, dans
la feuille la plus lue à cette horrible époque.

Quant à M. Miot, s'il avait eu le cœur plus
haut placé, il n'aurait jamais osé attribuer le
changement survenu dans l'esprit de l'Empereur à des motifs d'un ordre aussi vulgaire que
ceux qu'il lui prête ; il aurait compris que le
noble cœur de Napoléon, incapable de jamais

transiger avec l'honneur, n'avait voué à mon
père une confiance si entière, signalée par tant
de témoignages, qu'après avoir reconnu qu'*il
n'était pas l'homme auquel il pût avoir à faire
un tel reproche.*

Extrait du *Journal de Paris*, du 6 JANVIER 1793.

« Suivant l'opinion de Barrère, Louis doit
« être condamné sans appel.

« Barrère ne voit qu'un motif pour l'appel au
« peuple : ce serait de s'assurer, dit-il, que le
« décret qui décidera du sort de Louis aura l'as-
« sentiment de la nation. « Mais, dit Barrère,
« la Convention n'a qu'à rendre son jugement
« à une grande majorité, et il obtiendra cet
« assentiment. » — « On peut répliquer à Bar-
« rère que la difficulté est peut-être de former
« un jugement à une grande majorité ; que
« l'utilité d'une grande majorité n'est pas une
« raison de l'espérer, parce que chaque parti
« se prévaut de cette utilité pour rester fidèle
« à son opinion, et qu'au fond passer de l'o-
« pinion qu'on a à celle qu'on n'a pas, et cela
« pour donner à celle-ci une grande majorité,
« ce serait évidemment acheter l'apparence
« d'un décret conforme au vœu général par

« le consentement d'en faire un tout con-
« traire.

« Barrère pense que l'appel au peuple bles-
« serait le principe de la République, c'est-à-
« dire la représentation nationale. — Mais la
« Constitution de la République n'existe point
« encore, et d'ailleurs le principe de la repré-
« sentation ne conduit pas à nommer les mê-
« mes représentants pour faire les lois et ren-
« dre la justice.

« Barrère pense que l'appel au peuple dé-
« graderait le caractère de la Convention, qui
« représente la souveraineté dans sa pléni-
« tude. — Mais le pouvoir constituant n'est, au
« contraire, qu'un pouvoir commis, exercé
« par des représentants sous la réserve de la
« sanction publique, en quoi ce pouvoir dif-
« fère du pouvoir législatif constitué, qui est
« non-seulement exercé par des représentants,
« mais encore un pouvoir représentatif et non
« commis.

« Barrère pense que la question de l'invio-
« labilité royale ne doit pas être soumise aux
« assemblées primaires, parce qu'elle n'a pas
« été votée ni acquiescée par elles. — D'abord
« ce n'est pas cette question qu'il s'agit de
« déférer aux assemblées primaires ; mais, s'il

« s'en agissait, il serait très-raisonnable de
« soutenir, contre Barrère, que, le premier
« corps constituant ayant voté l'inviolabilité
« absolue, et le second la croyant contraire
« aux droits du peuple, c'est au peuple à pro-
« noncer entre les deux corps constituants.

« Barrère avance, au surplus, que la con-
« damnation de Louis n'est ni un jugement ni
« une loi, mais un acte de révolution et de
« sûreté générale. — Mais il n'y a de sûreté
« générale que là où il y a aussi sûreté parti-
« culière ; il n'y a sûreté que là où les hommes
« sont jugés et non proscrits. Tout ce qui s'est
« fait pendant que le canon tirait aux Tuile-
« ries, le 10 août, est acte de révolution ; tout
« ce qui s'est fait après est criminel, s'il n'est
« légal.

« Barrère ajoute que l'exécution du roi ne
« serait pas un acte d'une autre nature que la
« déportation des prêtres, ordonnée par le
« Corps législatif. — Mais 1° la déportation
« des prêtres n'était pas une suite de la révo-
« lution de 1789 : c'était un moyen de préve-
« nir une contre-révolution, manifestement
« préparée pour 1792 ; 2° de la déportation on
« ne peut pas conclure à la décapitation ; car
« on conçoit très-bien une déportation passa-

« gère, mais la décapitation est définitive, et
« sans doute on ne prétendra pas que la vie ait
« moins de prix pour un roi que la patrie pour
« un prêtre (1)...

« Signé Rœderer. »

L'article ci-dessus et du 6 janvier 1793, celui qu'on va lire est du 12, la condamnation
est du 17 : le rapprochement de ces trois dates
est certes assez significatif !

Extrait du Journal de Paris, du 12 janvier 1793.

« Merlin de Thionville, l'un des commis-
« saires envoyés à l'armée de Mayence, adresse
« à l'Assemblée son opinion sur Louis Capet ;
« il demande à être inscrit au nombre des
« opinants qui voteront pour la mort sans ap-
« pel. On peut opiner, et non pas voter, avant
« que l'acte du jugement commence, car jus-
« qu'à ce moment la discussion, les discours
« prononcés ou imprimés peuvent faire chan-
« ger l'opinion. Le tribunal ne peut donc ad-
« mettre un vœu émis avant l'expiration du

(1) (Note de l'éditeur.) A la page 247 du t. III de cette
collection, mon père, en parlant de cet article, dit :
J'ai pris sa défense (celle du roi) contre celui de ses
juges qui a le plus entraîné de suffrages pour la peine
capitale, contre Barrère.

« délai jugé nécessaire pour la maturité du
« jugement. On ne peut pas non plus opiner
« ni voter par lettres et à cent cinquante lieues
« du tribunal; car le tribunal est un et indivi-
« sible; il doit répondre de la liberté physique
« et morale de tous ses membres, et les avoir
« sous les yeux. *Et enfin une opinion qui ne
« saurait être admise si elle absolvait ne peut
« jamais obtenir plus de faveur quand elle
« condamne et condamne à la mort.*

« *Signé* Rœderer. »

La lecture de ces deux articles fera sans
doute reconnaître que mon père était en droit
de dire, dans sa lettre au ministre de la police
en 1816 (1) : « ... *Ces deux articles (2) me pla-
« cent, je crois, plus près des défenseurs de
« Louis XVI que de ceux qui l'ont condamné.* »
— Et, comme il l'a fait dans la *Chronique de
cinquante jours (3) : « Cet écrit (4) me place plus*

(1) Voir tome VII de cette collection, page 289.
(2) Voir ci-dessus l'article du 6 janvier 1793, et l'article intitulé : « *des Fêtes à l'occasion des supplices,* »
imprimé le 9 janvier 1797 dans le *Journal de Paris,*
et reproduit dans cette collection, à la page 255 du
tome III.
(3) Page 247 du t. III de cette collection.
(4) Voir ci-dessus l'article déjà cité, du 6 janvier
1793.

« *près des défenseurs de Louis XVI que de ceux*
« *qui l'ont condamné ; et si je l'avais trahi, je*
« *serais à une distance immense au-dessous de*
« *ceux-ci.* »

Il est évident que si, au 10 août, mon père
avait eu l'horrible pensée que lui prête une
odieuse calomnie, ce n'aurait pu être que dans
une intention et une connivence révolutionnaires ; mais comment concilier cette intention
avec les deux articles qu'on vient de lire ? et
comment supposer une connivence, et avec
qui, lorsqu'on le voit ainsi aux prises avec les
révolutionnaires, et s'attaquer lui-même avec
courage à leurs chefs les plus redoutables ?
Tout cela est aussi absurde qu'odieux.

« J'ai conduit Louis XVI à l'Assemblée na-
« tionale le 10 août. Ce jour même ce prince a
« été constitué prisonnier, et il n'est sorti de sa
« prison que pour aller à l'échafaud : voilà des
« faits malheureusement trop certains. Leur
« enchaînement a facilité à la malveillance des
« ennemis de la Révolution l'infâme conten-
« tement d'asseoir une injustice sur un faux
« raisonnement ; ils ont conclu de la liaison de
« ces faits que j'avais conduit Louis à ses en-
« nemis, et que mon intention avait été de le
« livrer à leurs coups.

« Si entre les amis de la liberté il en est qui
« soient dans cette erreur, leur méprise est un
« tort, car elle est volontaire : c'est leur faute,
« et non la mienne. Ils lisent de mauvais li-
« vres, au lieu de lire de bons écrits; ils se
« plaisent aux ouvrages de partis, non aux
« écrits raisonnables et impartiaux; ils ai-
« ment les pamphlets, les satires, les menson-
« ges, les méchancetés inventées à plaisir, au
« lieu de porter leur attention sur les actes, sur
« les journaux, sur les Mémoires qui font auto-
« rité, et de s'attacher aux histoires écrites en
« honneur et en conscience sur ces fidèles mo-
« numents. Je le repète, leur injustice à mon
« égard est leur faute, et non la mienne. Je n'é-
« cris point ici pour ceux qui fuient la vérité,
« ni pour ceux qui la voient avec indifférence;
« ce que je vais dire ne s'adresse qu'aux hom-
« mes d'honneur, dans la mémoire de qui je
« désire que le souvenir de mes actes publics
« ne périsse ni ne s'altère. Ce ne sera, au reste,
« qu'un résumé des écrits authentiques qui me
« concernent dans ceux que renferme ma
« *Chronique de cinquante jours.* »

Cette dernière citation est extraite de la *Chronique de cinquante jours;* elle se trouve à la
page 231 du tome III de cette collection.

Qu'il me soit permis de mentionner ici une circonstance qui m'est personnelle, mais qui me paraît avoir quelque signification.

Le général Berthier, de tout temps le confident le plus intime et (le fait est notoire) le plus soigneusement prudent de Napoléon, était, selon le récit de M. Miot, dans la voiture de Bonaparte lorsque ce général se prononça si vivement sur mon père; il savait donc parfaitement sa pensée dès cette époque. — Devenu prince de Neufchâtel, aurait-il jamais osé, douze ans plus tard, demander la sanction impériale, qui lui était indispensable, pour m'admettre à épouser l'aînée de ses nièces, s'il n'eût acquis dès longtemps la parfaite certitude de la rectification complète qui s'était opérée dans l'esprit de Napoléon ? Rectification bien facile, certes, puisque la simple lecture des deux articles des 6 et 12 janvier 1793, rapportés ci-avant, y suffisait à elle seule !

Si le prince, qui assurément avait le choix parmi toute la jeunesse de l'Empire, eût eu la moindre hésitation sur ce point, il lui eût été facile de m'écarter par un de ces nombreux motifs toujours à la disposition des chefs de famille, et dont je n'aurais eu aucune raison de me plaindre. Il m'a agréé et fait agréer par l'Empereur.

Voici, en effet, la lettre par laquelle le prince en informa mon père :

« Schœnbrunn, le 17 octobre 1809.

« L'Empereur, monsieur le Comte Rœderer, m'a
« paru voir avec plaisir l'union de ma nièce avec
« M. votre fils. Je me trouve infiniment flatté de cette
« alliance par l'estime et l'attachement que je vous
« porte depuis longtemps. Une lettre que j'ai reçue
« de mon frère me fait connaître qu'on désirerait que
« le mariage se fît au passage de M. votre fils à Turin.
« Cela me paraît désirable ; alors l'un et l'autre se
« rendraient dans le département de Trasimène (1).

« Agréez, monsieur le Comte Rœderer, l'assurance
« de ma plus haute considération.

« Le prince de Neufchâtel,

« ALEXANDRE. »

Au château de Menilles, le 4 août 1858.

Le baron RŒDERER.

(1) Je venais d'y être nommé préfet.

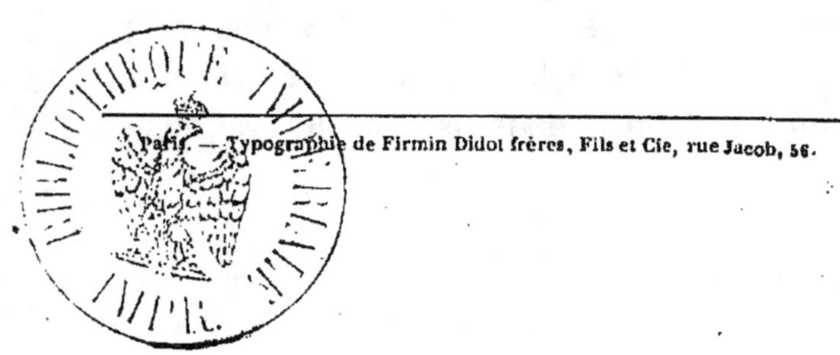

Paris. — Typographie de Firmin Didot frères, Fils et Cie, rue Jacob, 56.

21
3

NOTICE FUNÈBRE

SUR

Feu M. le Comte

de Montalembert,

Pair de France,

INSÉRÉE DANS L'*AVENIR* DU 4 JUILLET 1831.

A PARIS,

DE L'IMPRIMERIE DE POUSSIELGUE,

RUE DE SÈVRES, N. 2.

1831.

Notice Funèbre

SUR

Feu M. le Comte

de Montalembert.

La foule des hommes de ce temps se partage en deux classes,
les esclaves du pouvoir et ceux de la popularité. Les uns ont dit à
la couronne : N'êtes-vous pas Dieu ? Les autres ont dit au peuple :
C'est toi qui es le maître. Et quand les adorateurs de ce double
symbole de la servitude se retirent des affaires publiques par
ordre de la mort, ils s'en vont avec un peu de bruit que fait sur
leur cercueil la faveur populaire ou celle des cours. Mais s'il est
par hasard un citoyen qui ait été indépendant des partis dans sa
carrière politique, celui-là meurt sans éloge après avoir vécu
sans honte, et ses restes s'en vont en silence attendre la seule justice qui ne manque jamais. Tel fut un homme dont les catholiques ne pourroient sans ingratitude abandonner la mémoire, puis-
qu'il a le premier défendu leur cause à la tribune, en la mêlant à
celle de la liberté. Les catholiques doivent trop à deux géné-
rations de cette race, pour ne pas désirer connoître le chevalier
chrétien qui vint tout à coup, après que le trône se fut séparé
d'eux, prêter une voix courageuse à leurs droits, et qui vouloit
plus que jamais leur consacrer sa vie lorsque Dieu le rappela.
J'acquitterai, si je peux, la dette des catholiques.

Marc-René-Anne-Marie, comte de Montalembert, pair de
France, colonel d'infanterie, né à Paris en 1777, étoit issu d'une
ancienne et illustre maison du Poitou. C'étoit d'un de ses ancêtres,
célèbre par l'héroïque défense de Landrecy et de Thérouanne,
que François Ier disoit : *Nous sommes quatre gentilshommes de la
Guyenne qui combattons en lice contre tous allants et venants de
la France, moi, Sansac, Montalembert et de la Chataigne-
raye.* L'éclat de cette maison s'éteignit à l'avénement des Bourbons au trône, lorsque la noblesse achevant de perdre la place
qu'elle avoit occupée dans la monarchie, se divisa en deux parts,
l'une qui vint chercher à la cour l'illustration de la faveur, l'autre qui préféra vivre obscure dans les provinces, et y conserver,

par l'indépendance des mœurs privées, une image des temps passés. La famille de Montalembert fut de celles qui aimèrent mieux confier l'honneur de leur nom au toit paternel qu'aux antichambres des rois, étant plus propre, comme on l'avoit dit d'André de Montalembert, nommé premier gentilhomme de la chambre par François Ier, *à donner une camisade à l'ennemi qu'une chemise au roi.*

Sous Louis XIV cependant, les Montalembert eurent une occasion d'élever leur fortune aussi haut que leur nom. Madame de Maintenon avoit eu pour aïeule Louise de Montalembert, fille de Jean de Montalembert, tué à la bataille de Coutras, en 1587. On sait que Madame de Maintenon désiroit ardemment introduire à la cour quelqu'un de sa famille qui pût l'honorer plus que ne le faisoit son frère, le marquis d'Aubigné. Elle songea à la maison de Montalembert, et offrit à celui qui en étoit alors le chef, de venir à Versailles, où elle se chargeoit de sa fortune. L'offre ne fut pas acceptée, et ce sang généreux continua de couler pour le pays dans des grades obscurs. Il reprit de lui-même son éclat par les services militaires et diplomatiques que le marquis de Montalembert, oncle de celui que nous regrettons, rendit à la France pendant la guerre de sept ans, et par l'invention du nouveau système de la *fortification perpendiculaire.* Il étoit, en 1802, année de sa mort, le doyen de l'Académie des sciences et des généraux français.

La famille de Montalembert n'avoit quitté que très tard le sol de la France, à l'époque de la révolution ; elle ne consentit à ce funeste adieu qu'en 1792. Le jeune René, dont nous esquissons la vie, avoit alors quinze ans. Il suivit sa famille, sans savoir ce qu'on perd en s'éloignant de la patrie, si injuste qu'elle soit, et combien sont longs les chemins qui y ramènent ; surtout quand on la fuit à un âge où le cœur ne discerne pas bien encore ce que c'est qu'un ciel étranger. Il devoit en voir beaucoup avant de se reposer sous celui de la France. Des arrêts de mort lui fermèrent le retour pendant plusieurs années, et, lorsque la gloire impériale rouvrit les portes de la France, il ne voulut point passer par ces *Fourches caudines de l'exil.* Son départ avoit été innocent ; mais puisque le sort de sa famille en avoit fait un banni, il étoit bien de ne pas accepter de miséricorde, et de prendre au mot la fortune de ses pères. Il faut savoir, dans le monde, et surtout dans les temps de révolution, ramasser le gant qui tombe à nos pieds ; il n'en est pas qui ne puisse être relevé avec honneur. Si vous êtes banni, soyez banni, et que Dieu vous garde !

René de Montalembert commença par être capitaine dans la légion d'émigrés que commandoit son père, dont elle portoit le nom. Elle fut licenciée en 1799. Il obtint alors du service dans l'armée anglaise, où les connoissances militaires qu'il avoit acquises sous le général français Jarry le firent promptement distinguer. Attaché à l'état-major des troupes britanniques, il fut envoyé en Egypte, et plus tard aux grandes Indes, en 1804. Là du moins il ne trouva pas la gloire de son pays écrite sur le sable et sur des pyramides, pour lui rappeler à tout moment quelle patrie il avoit perdue. Après quatre années de séjour dans les Indes, il revint en Europe. Il fut employé dans l'état-major du duc de Wellington, pendant les campagnes de 1808 et de 1809, en Portugal et en Espagne. Il prit part aussi à l'expédition de Walcheren, comme chef d'état-major d'une division.

Vingt deux ans s'étoient écoulés dans ces fortunes diverses, mais où l'exil se retrouvoit toujours, lorsque M. de Montalembert alla, de la part du prince régent, annoncer, dans Hartwel, à Louis XVIII son rétablissement sur le trône de France. C'étoit finir heureusement une longue émigration, que de recouvrer en un même jour une patrie, et de porter une couronne à l'ancienne famille de ses rois. M. de Montalembert revenu en France, après vingt-deux ans de séjour chez des nations étrangères, se trouva aussi à l'aise dans l'air de son pays que s'il l'eût toujours respiré. Il y rentra sans haine, sans y retrouver le moindre débris du patrimoine de ses aïeux, et, quoiqu'il semblât que son rôle naturel fût d'y combattre la liberté, il ne sortit jamais de sa bouche, dès qu'il put l'ouvrir à la tribune, une parole dont la liberté eût à se plaindre, et qui ne fût celle d'un homme initié par l'expérience et par un cœur droit dans une science où les victimes des révolutions profitent rarement. Sa carrière se ressentit de cette noble indépendance qui alla croissant jusqu'à la fin, et qu'on ne devoit pas attendre d'un émigré si opiniâtre, d'un soldat qui s'étoit trouvé dans des rangs ennemis de la France. Mais il étoit de ce sang qui n'avoit pu supporter le joug des cours, et, avec la même franchise qu'il avoit mené la vie d'un proscrit qui ne connoît plus que Dieu et son épée, il accepta de toute son ame les devoirs d'un citoyen, dès qu'il en eut repris les droits. Louis XVIII lui donna le grade de colonel dans l'armée française, la croix de Saint-Louis, celle d'officier de la Légion-d'Honneur, et le nomma second secrétaire d'ambassade à Londres. A l'époque des cent-jours, il fut envoyé deux fois à Bordeaux, la première pour veiller au départ de Madame, Duchesse d'Angoulême; la seconde fois, avec trois frégates et plusieurs transports, pour aider à soumettre les restes du parti de Napoléon dans le midi. C'étoient de nouveaux liens envers une famille destinée à mettre encore à l'épreuve de l'infortune ses serviteurs. M. de Montalembert retourna à Londres en qualité de premier secrétaire d'ambassade. Louis XVIII, qui connoissoit son attachement et qui aimoit ses opinions constitutionnelles, le fit, au mois de juillet 1816, son ministre plénipotentiaire près la cour de Stuttgard, et l'éleva, le 5 mars 1819, à la dignité de pair de France. Nous allons le voir dans cette carrière de la pairie, où il a siégé douze ans au milieu des vicissitudes de l'opinion, sans cesser un seul jour d'honorer les siennes, quoiqu'il soit difficile, en de si grands changements, de rester toujours supérieur à la séduction de tout ce qui se passe autour de nous.

Le début de M. de Montalembert à la Chambre fut aussi noble qu'heureux. C'étoit en 1820. Il avoit été nommé ministre plénipotentiaire près la cour de Danemarck, et se disposoit à partir pour Copenhague. Des lois d'exception gouvernoient alors la France, à cause du meurtre récent de l'infortuné duc de Berri, triste épitaphe qu'on avoit gravée là sur sa tombe pour y être un signe de salut, comme si la société se sauvoit par un prétendu bannissement de six mois imposé au mal. On pensoit ainsi dans ce temps-là. M. de Montalembert ne partageoit pas ces pensées frivoles, et étant monté à la tribune pour défendre les prérogatives de la pairie, à l'égard de la contrainte par corps, il termina ainsi son discours : « Dans peu de jours je quitterai la France, peut-être pour plusieurs années. Qu'il me soit permis, avant de descendre de cette tribune, de former un vœu, celui de retrouver à mon retour la pairie intacte dans sa dignité comme dans son honneur, et la France délivrée des lois d'exception, jouissant enfin de la plénitude de ses libertés constitutionnelles (1). » Après ce vœu, M. de Montalembert descendit de la tribune où il avoit paru pour la première fois ; mais il ne quitta point la France. Rayé de la liste des ambassadeurs par le ministère de MM. de Richelieu et Pasquier, il demeura six années sans emploi : ce sont ces six années qui forment la première partie de sa carrière législative.

Nous remarquons principalement les discours qu'il prononça, dans cet intervalle , sur les questions de la guerre d'Espagne, de la septennalité, de l'indemnité et des substitutions.

Il considéra la guerre d'Espagne comme nécessaire pour rétablir la prépondérance de la monarchie française, en ralliant autour de la victoire tous nos vieux soldats, et en nous créant sur le Rhin, par la sécurité des Pyrénées, une force capable d'arrêter l'ambition du Nord. « Qui vous assure, s'écrioit-il, que le successeur d'Alexandre héritera de sa modération comme de sa puissance, de ses vues pacifiques comme de son empire? Qui vous dit que son génie, au contraire, ses goûts, ses inclinations, ne le pousseront pas vers les conquêtes? Qui vous dit surtout que ces huit cent mille soldats, dont nous a parlé M. le ministre des affaires étrangères, cessant d'être comprimés par une main égale-

---

(1) Séance de la Chambre des pairs, du 10 juillet 1820.

ment ferme et prudente, ne demanderont pas à grands cris et du soleil et des mers, bienfaits que la nature a refusés à leurs vastes solitudes, et sans lesquels il n'est pas de jouissances pour une nation civilisée? Qui pourra alors s'opposer à ce torrent dévastateur? Sera-ce l'Autriche? la Prusse? la confédération germanique? Vain espoir! Prenez la carte de l'Europe; *voyez le bastion menaçant que forme la Pologne*. Les Russes, dans leur première attaque, couperont l'Allemagne par le centre, et ils s'établiront sur le Rhin avant la fin de la première campagne. Qui pourra donc les arrêter (1)? » Ce devoit être ce *bastion menaçant de la Pologne* qui effrayoit M. de Montalembert. Il est devenu, en effet, le bastion de l'Europe contre la Russie, et si la Providence ne l'eût jeté tout à coup entre le successeur d'Alexandre et le successeur de Charles X, entre la barbarie et la liberté, ce n'est pas sur le Rhin que la Russie eût rencontré sa perte, malgré la voix éloquente qui nous invitoit naguères *à prendre un baptême de gloire dans le fleuve qui baigne la forteresse de Mayence* (2). Le point de vue de politique générale où s'étoit placé le noble comte, pour envisager la guerre d'Espagne, fut trouvé froid par l'esprit de parti, quoiqu'il se fût plaint que le ministère n'eût pas levé une armée assez formidable pour l'accomplissement de ses projets, et qu'il eût dit : « Puisque nous avons passé les Pyrénées, il faut pouvoir aller jusqu'aux colonnes d'Hercule ; quand la France tire l'épée, elle doit la tirer toute entière (3). » Ce mot peint le caractère du noble comte ; il ne fut jamais à demi ce qu'il étoit, ni gentilhomme, ni émigré, ni pair de France, et quand le sentiment de la foi qu'il n'avoit perdu en aucun temps se fut réchauffé une fois dans son cœur par le spectacle de la religion abandonnée des rois, et par de douces sympathies de famille, il devint si fervent catholique qu'on l'eût pris pour un de ses ancêtres ressuscité d'un tombeau des croisades.

Il vota pour le renouvellement septennal de la Chambre des députés, parce qu'il étoit persuadé, d'une part, que les trois pouvoirs avoient le droit de changer un article de la Charte, et qu'il croyoit, d'une autre part, la septennalité nécessaire pour investir la seconde Chambre législative d'une autorité plus stable, moins sujette aux variations produites par les intrigues électorales. Et veut-on savoir ce qu'il entendoit par les intrigues électorales? Qu'on écoute ce fier langage tenu en 1824, au temps de la toute-puissance de M. de Villèle : « Je veux parler des manœuvres odieuses pratiquées par des agents subalternes du pouvoir ; manœuvres dont tout le monde a connoissance, et dont l'opinion a

---

(1) Séance de la Chambre des pairs, du 18 mars 1823.
(2) Discours de M. de Montalembert, le 29 mars 1831.
(3) Séance de la Chambre des pairs, du 30 avril 1823.

(8)

déjà fait justice. Encore deux ou trois élections influencées d'une pareille manière, et les fonctionnaires publics tombent dans la dégradation , et le gouvernement représentatif devient une véritable dérision. Ah ! dans ces jours de dépendance universelle, et de tendance générale vers la servilité; dans ces jours où l'égoïsme, la vanité , le besoin de jouissances , nous portent sans cesse à sacrifier les droits les plus nobles, et à déshériter notre postérité des biens les plus précieux , car en peut-il exister de plus inappréciables que les droits politiques , éloignons , Messieurs , éloignons les époques de nos élections , donnons-nous le temps de former quelque indépendance héréditaire dans les idées comme dans les fortunes de nos familles. Laissons passer cette soif de distinctions éphémères, cette manie de cordons de toutes les couleurs et de tous les pays : triste héritage du dernier gouvernement (3) ! » Je ne sais si je me trompe , mais ce vote me paroît plus honorable que s'il eût été plus conforme à la Charte. Il y avoit là une triple indépendance , l'indépendance de la popularité , du pouvoir et des idées. Ajoutons que M. de Montalembert vouloit abaisser de dix ans l'âge des éligibles , et qu'il regardoit cette mesure comme essentiellement liée à celle de la septennalité (4).

M. de Montalembert vota encore en faveur de la loi tendant à indemniser les anciens propriétaires de biens-fonds confisqués et vendus au profit de l'Etat, pendant la révolution. Il la jugea propre à éteindre les haines , et à faire disparaître la distinction fâcheuse que l'opinion s'obstinoit à maintenir entre les propriétés patrimoniales et nationales. Il y étoit d'ailleurs personnellement désintéressé. Si un amendement qu'il proposa eût été admis , les héritiers du sang eussent seuls joui du bénéfice de l'indemnité , et les lois imprescriptibles du droit naturel eussent triomphé des règles étroites du droit civil.

Mais, parmi les projets de loi que soutint le noble pair, il n'en est aucun qui fut accueilli avec plus de marques d'impopularité que le projet sur le droit de primogéniture et les substitutions, et il n'en est aucun sur lequel il ait développé des vues plus générales , plus élevées, avec une mesure aussi supérieure à l'esprit de parti, qu'il obligea de respecter sa parole, tant elle eut l'accent de la conscience , et sembloit inspirée par la liberté. Il établit que nos lois sur les successions n'étoient compatibles qu'avec le régime républicain et le régime absolu, et que la monarchie constitutionnelle périroit si elle n'étoit appuyée sur le droit de primogéniture uni au droit limité des sub-

---

(3) Séance de la Ghambre des pairs , du 4 mai 1824.
(4) Discours de M. de Montalembert , du 3o mars 1826.

stitutions. « Je ne vois , disoit-il , et ne puis voir dans le morcellement illimité du sol, et dans ses désastreuses conséquences ,
que des éléments de servilité ou d'anarchie , de despotisme ou
de républicanisme ; et certes , Messieurs , ce ne sera point avec
de tels éléments que nous pourrons nous flatter de transmettre
à nos enfants les nobles et précieuses institutions que nous de-
vons au plus sage des rois. Nous tomberons dans la servitude
ou dans le chaos révolutionnaire ; la chute est inévitable. Chose
incompréhensible ! nous voulons des libertés , des institutions ,
des garanties , des limites au pouvoir ministériel , et nous con-
servons bien soigneusement une législation qui établit parmi
nous une quantité de petits propriétaires, bien indigents , bien
exclusivement occupés de leurs nécessités domestiques. Nous
voulons être forts contre l'arbitraire , et nous chérissons cette
désespérante subdivision du sol qui , pour me servir de la
pensée d'un orateur de l'autre Chambre (M. Royer-Collard), re-
*relègue tristement chacun de nous au fond de sa foiblesse indi-
viduelle.* Ignorons-nous donc qu'un peuple courbé sous les exi-
gences du morcellement illimité , disséminé , éparpillé sur des
morceaux de terre , n'est et ne peut être que la propriété des
agents du fisc et des fonctionnaires salariés ? Si ce peuple a des
droits , s'il a des institutions , ce sont des simulacres ; car il ne
peut ni exercer les uns , ni conserver les autres. Remarquez ,
Messieurs , une étrange et bizarre inconséquence. De toutes
parts , on entend les partisans du partage à l'infini de la propriété foncière , s'élever en même temps contre la centralisation ;
demander, comme l'a fait un noble pair (M. le comte Molé), l'organisation des communes , une loi municipale. Mais un moment
de réflexion ne devroit-il pas suffire pour leur démontrer que
la centralisation , ce fléau du gouvernement représentatif , est la
conséquence inévitable du morcellement de la propriété foncière,
de la disparition du patrimoine des familles ? Dans un pays où
on ne trouve que des individus sans consistance politique , des
fortunes temporaires, accidentelles, des existences éphémères et
sans influence locale , je le demande , dans un tel pays , comment
espérer autre chose qu'un système de centralisation et de bu-
reaucratie (5) ? » Nous aimons mieux citer ces paroles que de les
traduire ; elles initient le lecteur dans le secret d'une vie politique qui a été trop promptement terminée, mais qui , en lais-
sant des regrets , n'a laissé le souvenir d'aucune contradiction.
Il est facile de voir où le noble comte a puisé les élans vigou-
reux et les principes indépendants qui l'ont recommandé à l'attention publique pendant le cours de la dernière session, lorsque

---

(5) Séance de la Chambre des pairs, du 3o mars 1836.

la publicité des séances de la Chambre des pairs , qu'il avoit toujours réclamée, permit au pays d'entendre sa voix.

Un amour si persévérant de la liberté , un langage si ferme et sincère, ne plurent pas au pouvoir. M. de Montalembert s'aperçut souvent qu'on ne se souvenoit plus de ses services ni de son long exil, et il laissa un jour échapper cette douleur de son ame, avec l'accent d'une résignation touchante. « Emigré, rentré en France à l'époque de la restauration, ayant perdu père et mère dans l'exil, il me sembloit pouvoir espérer que mes opinions politiques seroient à l'abri de fausses interprétations ; l'expérience m'a démontré le contraire. Nous vivons dans un temps où les antécédents comptent pour peu de chose. Ce que les passions demandent avant tout. et elles ont encore un grand empire parmi nous, c'est une abnégation complète de son indépendance, une soumission aveugle aux idées dominantes du moment, *dussent-elles nous précipiter dans l'abîme* (1). » Hélas! l'abîme s'est ouvert. Celui qui avoit annoncé à Louis XVIII son rétablissement sur le trône de ses aïeux a vu tomber ce trône antique encore une fois , et descendu bientôt lui-même au lieu où tous les exilés se retrouvent, il n'a point porté d'heureuses nouvelles à la famille de saint Louis.

Soit que ses plaintes eussent été entendues, ou que le pouvoir de M. de Villèle penchât vers sa chute, en 1826 le comte de Montalembert rentra dans la carrière diplomatique par sa nomination au poste de ministre plénipotentiaire à Stockholm. Il s'y rendit en 1827. Un cruel malheur le ramena sur la terre de France, au mois d'octobre 1829 ; il n'y revit plus sa fille. Il lui avoit donné, sous le ciel du Nord, un baiser que son front ne devoit plus recevoir, quoique ce front n'eût encore que quinze ans. Ce coup accabla le malheureux père. Son ame accoutumée à prendre tout avec énergie, prit ainsi la mort dès qu'il l'eut rencontrée sur son chemin , et il ne sortit du tombeau de sa fille que pour entrer dans le sien. Un changement total s'opéra dans sa vie : la musique, le dessin, les arts, le monde, tout ce qu'il avoit aimé et qui le rendoit d'un commerce infiniment aimable, ne fut plus qu'une distraction importune jetée çà et là entre lui et sa fille bien-aimée. Il se retira de la société, pour ne plus vivre qu'auprès de sa femme et de ses deux fils, avec la pensée profonde de la religion et de la mort ; et quand éclata, comme un coup de foudre, la chute d'un trône dont il avoit partagé vingt deux ans la longue misère , il sentit ce je ne sais quoi d'un homme de forte trempe dont Dieu brise les liens, qui accepte le défi, et se prépare à remplir sans peur la dernière part de sa mission. Que les jugements de la foule

---

(1) Séance de la Chambre des pairs , du 14 avril 1825.

sont insensés ! Quand on voyoit naguères à la tribune cet homme
indépendant jeter ses paroles comme elles lui venoient, hardies,
accentuées, toujours généreuses, mais avec quelque chose de sau-
vage ou d'inculte, avouant sans détour qu'il ne pensoit plus comme
il avoit pensé autrefois, quoiqu'il y eût au fond de ses idées politiques une rare harmonie, on ne savoit qu'accuser en lui, ou l'im-
prudence, ou l'habileté de l'orateur moins grande que son ame.
Hélas ! c'étoient les derniers sons de cette ame qui se sentoit bri-
ser avant le temps, et qui, éclairée d'une lumière nouvelle sur le
cercueil de sa fille et sur les ruines de cinquante ans, parloit sans
tenir compte des hommes, disoit la vérité avec une sorte de dé-
sespoir, avec la crainte douloureuse que la patrie ne rendît pas
justice aux efforts d'un homme dont elle n'avoit pas connu la
jeunesse, et dont la mort alloit lui cacher les dernières intentions.
Il ne découvrit qu'au bout de sa carrière le parti auquel il avoit
appartenu toute sa vie. Solitaire jusque-là dans ses opinions, il
ne savoit pas se dire à lui-même dans quelle classe politique il
falloit le ranger, lorsque la bannière de la Liberté se leva à côté
de celle de Dieu, en Belgique, en France et en Pologne. Il com-
prit alors ce qu'il étoit, il jugea son existence toute entière, et
s'expliqua le destin des rois. Je n'ai pas vu vivant l'homme dont
je raconte les pensées aux catholiques. Mais, quoique je ne l'aie
pas connu, je puis raconter ses pensées ; je les ai lues dans une
ame qui ne trompera jamais ni Dieu ni les hommes

La monarchie avoit donc failli ; la terre foulée par tant de
rois puissants, avoit manqué sous les pieds de leurs petits-fils.
M. de Montalembert qui n'étoit en France qu'en vertu d'un congé,
fut révoqué de ses fonctions d'ambassadeur. Il prêta serment au
nouveau chef de l'Etat, le 10 août 1830, sans dire d'autres paroles que celles-ci : *Je le jure.* Depuis ce moment il ne cessa de
paroître à la tribune pour y défendre par l'énergie de sa parole
tous les droits de la France, ses libertés, son honneur, sa gloire,
tout ce qui étoit juste et grand. Il ne laissa passer aucune parole
honteuse sans la relever, aucune loi illibérale sans la combattre,
aucune réclamation constitutionnelle sans la soutenir. Il étoit
toujours là ; il parla plusieurs fo s seul sur des affaires enlevées
aux délibérations par la rapidité des scrutins. Seul il éleva la
voix en faveur de la Pologne ; il n'est descendu de la tribune des
pairs sur ce malheureux pays d'autres encouragements que ceux
qui tombèrent de sa bouche. Les interruptions fréquentes qu'il
éprouvoit, les soulèvements de la Chambre ne le découragèrent jamais ; il reparoissoit le lendemain plus fort que la veille. Tous les
organes de l'opinion s'étonnoient de tant d'activité et de constance
dans un homme qui ne s'étoit montré jusque-là que de loin en loin
à la tribune, et ils ne comprenoient pas quel étoit le ressort secret
de cette subite exaltation. Quoique le souvenir de ses derniers

travaux soit encore présent à tous les esprits, du moins à l'esprit des catholiques, qu'il nous soit permis de rappeler brièvement les plus remarquables. L'ordre chronologique n'est pas celui de l'éloquence, mais c'est quelquefois celui du cœur.

Le 11 août 1830, la Chambre s'occupoit de l'adresse au Roi. M. de Montalembert, tandis que tout trembloit encore devant le peuple, demanda qu'on ne parlât au Roi de la France qu'en ces termes : *La France monarchique et constitutionnelle.*

Le 18 septembre, il faisoit l'éloge de la loi qui attribuoit au jury la connoissance des délits de la presse, et rappeloit la constance de ses attaques contre la censure.

Le 29 décembre, il prononçoit un excellent discours contre la confiscation du fonds commun de l'indemnité, demandoit la suspension de cette mesure jusqu'au moment de la guerre.

Le 24 février 1831, il vouloit que les colonels et les lieutenants-colonels de la garde nationale fussent nommés par l'élection et non par le Roi. Il attribuoit la chute de tous les gouvernements passés à la non intervention du peuple dans ses affaires.

Le 1er mars, discours contre la formation d'une légion étrangère à l'intérieur, dans la crainte qu'elle ne favorisât le despotisme.—Eloge intrépide de la conquête d'Alger, reproches énergiques au gouvernement sur son ingratitude à l'égard des vainqueurs de l'Afrique.

Le 2 mars, M. de Montalembert s'oppose à ce qu'on discute en séance *secrète* l'adresse au Roi sur les lamentables événements de février.

Le 3 mars, il attaque seul l'ensemble de la loi municipale et la centralisation, demande le suffrage universel et l'élection des maires. « C'est surtout, dit-il, dans l'organisation de la commune, que l'intervention des masses doit avoir lieu. C'est-là où il faut se hâter de l'établir. C'est là où il faut planter non l'arbre de la liberté, mais le principe de l'élection dans toute sa plénitude. » — Le même jour, il flétrissoit les traités de 1815, et parloit pour la première fois de la Pologne.

Le 8 mars, il défend la pétition de l'*Agence générale* en faveur de la liberté d'enseignement, et termine ainsi son discours : « Comme français et *catholiques,* nous demandons, nous exigeons même, puisque tel est notre droit, la liberté de l'enseignement pour tous. Cette liberté est indispensable au bonheur de nos familles, au maintien de l'autorité paternelle, et, pour ma part, je ne cesserai de la réclamer aussi long-temps que j'aurai un siége et une voix dans cette enceinte. » L'infortuné ne s'assiéra plus sur ce siége, et sa voix ne s'élèvera plus en faveur des catholiques ; mais les catholiques n'oublieront jamais celui qui fut leur défenseur, et se déclara hautement leur frère.

Le 22 mars , à propos de la loi sur les crédits extraordinaires, le noble comte examine la politique du ministère à l'extérieur, qui se réduisoit depuis six mois *à être fort avec les foibles et foible avec les forts*. Il s'indigne contre les traités de 1815, les protocoles de Londres , la lâcheté ministérielle à l'égard de la Pologne , et s'écrie : « La Pologne sanglante, abandonnée, mourante dans les convulsions d'une longue et cruelle agonie , apparoît à mon imagination...... La France connoît ceux qui ont paralysé son bras ; elle connoît ceux qui ont étouffé la manifestation de ses vœux pour un peuple de guerriers qui a partagé toutes ses gloires et toutes ses infortunes. Oui , elle les connoît , et elle ne leur pardonnera jamais. Je n'hésite point à le dire , la plus grande faute du cabinet français a été l'abandon de la Pologne ; faute immense dans ses conséquences , irréparable dans ses résultats. En effet , le rétablissement de la Pologne a été reconnu par tous les partis , par toutes les opinions , comme une des grandes nécessités de l'époque. Eh bien ! Dieu lui-même relève cette barrière ! Dieu relève cette grande et généreuse nation polonaise, comme pour doubler nos forces et protéger l'Europe , et nous l'abandonnons ! Et nous ne voyons pas que sa ruine servira d'un pont de sang pour arriver jusqu'à nous ! »

Le 29 mars , attaque contre la loi sur la procédure des délits de la presse qui enlève aux prévenus la garantie d'une instruction préalable , contre le système général du gouvernement , et contre la spoliation des forêts en particulier.

Le 30 mars , M. de Montalembert discute la loi électorale , réclame le suffrage universel , et provisoirement l'abaissement du cens à 50 fr. , qui eût au moins donné quinze cent mille électeurs pour un peuple de trente millions d'hommes.

Le 18 avril , le noble pair parla pour l'avant-dernière fois. Son discours roula sur la position générale de la France en Europe , sur les moyens qu'on eût pu employer pour obtenir une glorieuse paix , au lieu de sacrifier l'honneur à la crainte d'une guerre devenue inévitable , parce qu'on n'arrête pas la guerre avec la lâcheté. Le maréchal Mortier, qui se trouvoit au pied de la tribune, lui ayant reproché d'être trop passionné : « *Oui, je le suis,* » répondit-il, « *je suis passionné pour la gloire et « l'honneur de mon pays.* » Il ne savoit pas encore quelle preuve funeste il donneroit bientôt de la sincérité et de l'ardeur de cette passion. Le lendemain, il prit encore la parole : ce fut pour faire écarter la proposition de mettre hors la loi française la branche aînée des Bourbons. Après avoir rendu ce témoignage d'un ancien amour à des princes malheureux , terminant ainsi sa carrière comme il l'avoit commencée, il tomba bientôt malade et ne se releva plus. Sa maladie étoit, d'après l'opinion unanime des médecins, le produit d'un travail excessif et d'une appli-

cation trop étrangère à la vie précédente de l'orateur. La compli-
cation de ses affaires domestiques vint ajouter à toutes ces agita-
tions. La pensée de l'humiliation de son pays et des malheurs de
l'avenir le dévoroit aussi. Son organisation, quelque forte qu'elle
fût, ne put résister à de si rudes épreuves; la sève de sa vie fut
épuisée par ce dévouement sans relâche et sans fruit.

Soit que la mort de sa fille bien-aimée lui eût révélé la sienne,
soit que Dieu éclaire ses serviteurs aux approches de leur fin,
M. de Montalembert annonça, dès le premier jour, que sa maladie étoit mortelle, et toute sa pensée se tourna vers l'éternité. Il
ne la ramenoit du Ciel que pour entretenir sa famille du sort qu'il
lui laissoit, se fiant à la Providence du soin de le remplacer, in-
terrogeant son fils d'une voix chaque jour plus foible et plus rare
sur les affaires des catholiques ; et quand l'espérance de la vie le
reprenoit, ce qui arriva surtout quand il n'y avoit plus d'espérance, il disoit des choses infiniment touchantes sur la vie chré-
tienne qu'il vouloit mener avec son fils. Il communia avec la plus
fervente piété. La mort étant proche, il faisoit un effort pour demander encore une fois le pain de la vie, qu'il ne pouvoit déjà
plus porter, et un léger égarement se mêlant à sa pensée qui erroit
parmi tout ce qu'il avoit aimé , il prioit son fils de venir commu-
nier avec lui. Son ame luttoit tous les jours entre le souvenir de sa
fille enlevée à quinze ans, et l'amour infini qu'il portoit aux débris de sa famille. Cet amour l'eût sauvé s'il avoit pu l'être. Mais
la voix de sa fille fut plus puissante au fond de sa tombe que la
parole de ceux qui étoient restés ; il s'en alla, par une pente na-
turelle, vers le cercueil : il y avoit bientôt deux ans qu'il n'avoit
embrassé sa fille. Pourtant depuis trois jours on avoit conçu un
plus grand espoir , la maladie avoit suspendu son activité ; lorsque le 20 juin, à trois heures de l'après-midi , une crise violente
se manifesta. Le malade repoussa doucement les remèdes ,
en disant : « Je mourrai ce soir par l'ordre de Dieu. » Sur le
soir, il reçut le dernier sacrement des chrétiens , et , quand l'au-
rore du lendemain se leva , ses yeux ne pouvoient plus voir que
la lumière de l'éternité. Il avoit vu celle du monde cinquante-
trois ans.

Telle a été la vie du comte René de Montalembert. Long-temps
étranger à la France, inconnu du peuple, ignorant les cours, la
solitude auroit environné d'un peu d'amertume la fin de sa carrière,
si le malheur et la religion n'avoient élevé son ame bien au-dessus
des illusions de la faveur. Il recueillit en secret, dans les derniers
temps, des témoignages d'estime dont la vérité touchante l'eût
consolé, s'il avoit eu regret aux sympathies éphémères des partis.
Un grand nombre de bons citoyens qui lui étoient inconnus lui
adressèrent, des divers points de la France, des félicitations que sa
famille conservera parmi ses titres de noblesse. Les catholiques

encouragèrent aussi ses généreux combats pour leur cause. Ce n'est pas qu'il partageât toutes nos opinions: il avoit conservé pour une famille exilée un tendre intérêt, dont il nous étoit plus facile qu'à lui de nous dépouiller, soit à cause de notre âge plus jeune, soit parce que la foi nous retiroit davantage des hommes. Il étoit aussi profondément attaché aux ruines de l'aristocratie ; il les regardoit comme sacrées, comme les reliques des siècles anciens protégeant les siècles nouveaux, et il n'avoit vu qu'avec peine nos attaques contre la Chambre des pairs, dont il avoit toujours défendu l'honneur. Si la Chambre avoit suivi ses conseils et imité ses exemples, peut-être aujourd'hui elle auroit une autre part dans les destinées de la France. Mais je dois ici m'arrêter, me souvenant que j'écris la vie du *premier pair catholique* de l'ère nouvelle : c'est le nom que nous lui garderons dans notre mémoire, si nous ne sommes pas ingrats envers lui; il renferme l'idée de tout ce qu'il aima, la religion, la liberté et l'honneur héréditaire.

Avant de quitter sa tombe, je la regarderai encore une fois, je veux voir l'écusson du chevalier chrétien. C'est la croix des croisades. Long-temps elle avoit été sans légende, ayant assez de gloire pour se taire, jusqu'au jour où, dans l'exil, une noble modestie y grava ces mots : *Cecidi sed surgam.* Cette double prophétie commence à s'accomplir : la croix se relève, et le nom de l'exilé a désormais, dans le souvenir des catholiques, une durable grandeur.

H. LACORDAIRE.